Impressum
Verlag: BABADADA GmbH, Nedderfeld 112 , 22529 Hamburg
Geschäftsführer / Verlagsleitung: Harald Hof
Druck: Books on Demand GmbH, In de Tarpen 42, 22848 Norderstedt

Imprint
Publisher: BABADADA GmbH, Nedderfeld 112 , 22529 Hamburg, Germany
Managing Director / Publishing direction: Harald Hof
Print: Books on Demand GmbH, In de Tarpen 42, 22848 Norderstedt

colegio

məktəb

aula
sinif otağı

dividir
bölmək

186/2

pizarrón
yazı taxtası

patio de escuela
məktəb həyəti

maestro
müəllim

papel
kağız

escribir
yazmaq

birome
qələm

escritorio
iş masası

regla
xətkeş

libro
kitab

alumno
şagird

mochila

məktəbli çantası

caja de lápices

karandaş qabı

lápiz

karandaş

sacapuntas

karandaş yonan

goma (de borrar)

pozan

bloc de dibujo

rəsm albomu

dibujo

rəsm

pincel

boya fırçası

caja de pinturas

boya qutusu

tijera

qayçı

pegamento

yapışdırıcı

cuaderno de ejercicios

dəftər

tarea

ev tapşırığı

número

say

2+2

sumar

əlavə etmək

5-2

restar

çıxmaq

2×2

multiplicar

vurmaq

calcular

hesablamaq

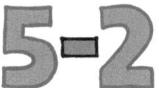

letra

hərf

ABCDEFG
HIJKLMN
OPQRSTU
VWXYZ

abecedario

əlifba

palabra

söz

colegio - məktəb

3

texto

mətn

leer

oxumaq

tiza

tabaşir

lección

dərs

cuaderno de clase

sinif jurnalı

examen

imtahan

certificado

təhsil haqqında sənəd

uniforme escolar

məktəb uniforması

educación

təhsil

enciclopedia

ensiklopediya

universidad

universitet

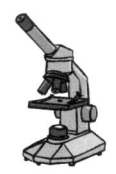

microscopio

mikroskop

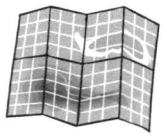

mapa

xəritə

tacho (de basura)

zibil qutusu

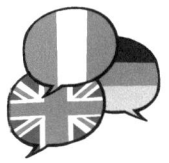

viaje
səyahət

hotel
mehmanxana
Grand
hostel
yataqxana
ROOMS
EXCHANGE
casa de cambio
valyuta mübadiləsi məntəqəsi
valija
çamadan
auto
avtomobil

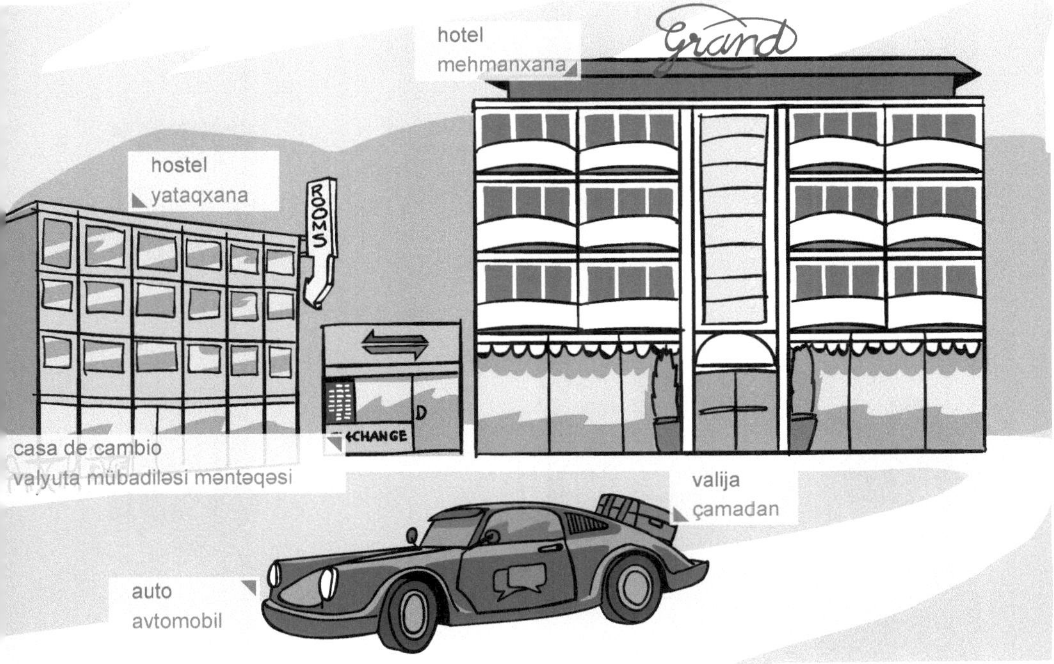

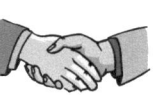

idioma

dil

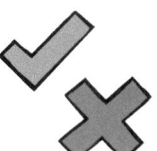

sí / no

bəli/xeyr

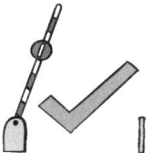

Está bien

oldu

hola

salam

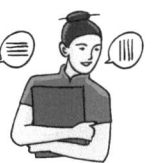

traductor

tərcüməçi

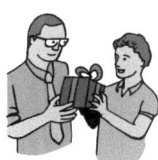

Gracias

Təşəkkür edirəm

¿cuánto cuesta…?

qiyməti nə qədərdir …?

No entiendo

mən başa düşmürəm

problema

problem

¡Buenas tardes!

Axşamınız xeyir!

¡Buenos días!

Sabahınız xeyir!

¡Buenas noches!

Gecəniz xeyrə galsin!

adiós

hələlik

dirección

istiqamət

equipaje

baqaj

bolso

torba

mochila

kürək çantası

invitado

qonaq

habitación

otaq

bolsa de dormir

yataq-çuval

carpa

çadır

información turística

turistlər üçün məlumat

playa

çimərlik

tarjeta de crédito

kredit kartı

desayuno

səhər yeməyi

almuerzo

günorta yeməyi

cena

nahar yeməyi

pasaje

bilet

ascensor

lift

sello

poçt markası

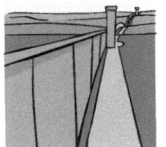

frontera

sərhəd

aduana

gömrük

embajada

səfirlik

visa

viza

pasaporte

pasport

transporte
nəqliyyat

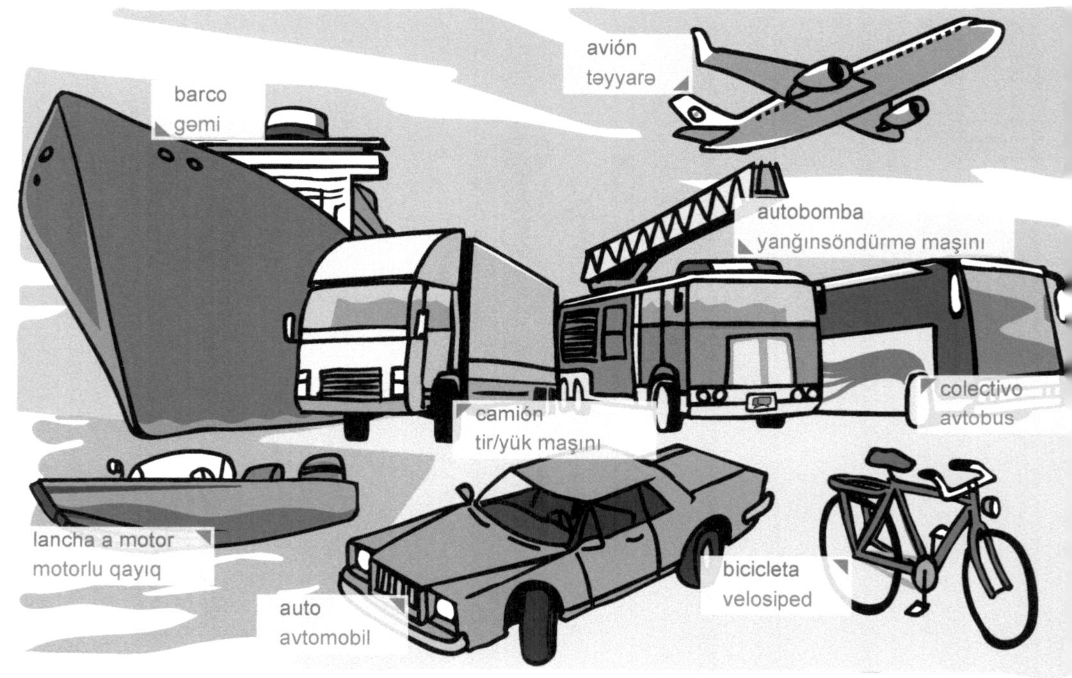

avión
təyyarə

barco
gəmi

autobomba
yanğınsöndürmə maşını

colectivo
avtobus

camión
tir/yük maşını

lancha a motor
motorlu qayıq

bicicleta
velosiped

auto
avtomobil

ferry

bərə

bote

qayıq

moto

motosiklet

patrullero

polis avtomobili

auto de carreras

yarış avtomobili

auto de alquiler

icarə avtomobili

8

transporte - nəqliyyat

alquiler de autos

avtomobil icarəsi

grúa

texniki yardım maşını

camión de basura

zibil maşını

motor

mühərrik

nafta

yanacaq

estación de servicio

benzin doldurma məntəqəsi

señal de tránsito

yol nişanı

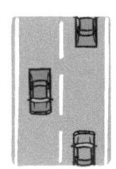

tránsito

yol hərəkəti

embotellamiento

tıxac

estacionamiento

avtomobil dayanacağı

estación de tren

dəmir yolu stansiyası

vías

dəmiryol

tren

qatar

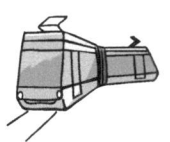

tranvía

tramvay

vagón

vaqon

helicóptero

helikopter

aeropuerto

hava limanı

torre

qüllə

pasajero

sərnişin

contenedor

konteyner

caja de cartón

karton qutu

carretilla

əl arabası

canasta

səbət

despegar / aterrizar

qalxmaq / enmək

ciudad
şəhər

pueblo

kənd

centro de ciudad

şəhər mərkəzi

casa

ev

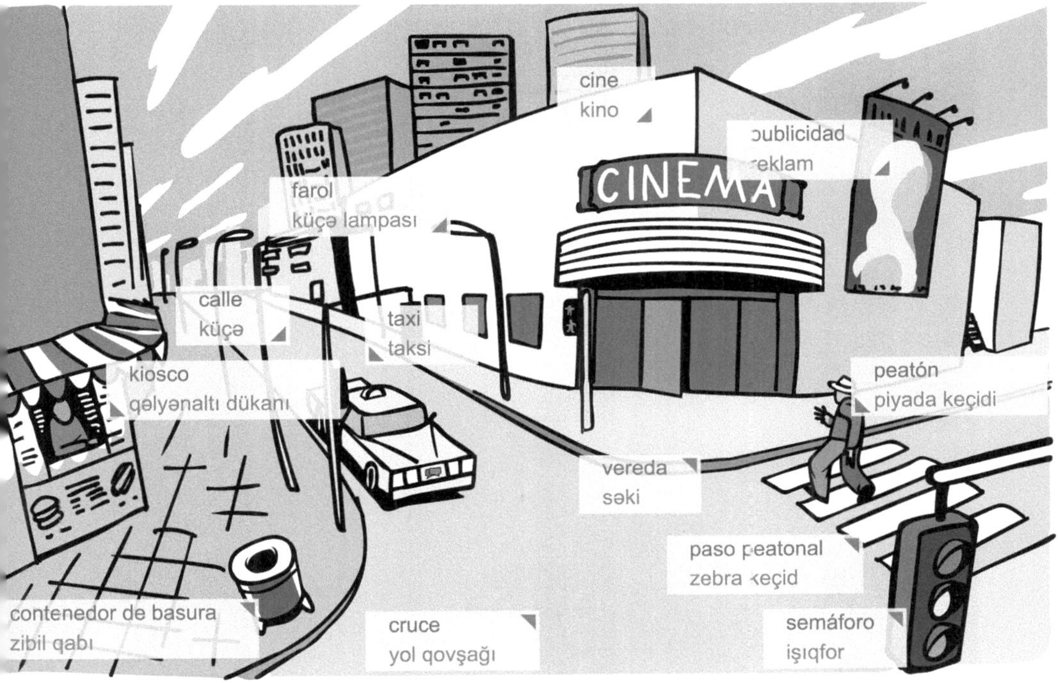

cine
kino

publicidad
reklam

CINEMA

farol
küçə lampası

calle
küçə

taxi
taksi

kiosco
qəlyənaltı dükanı

peatón
piyada keçidi

vereda
səki

paso peatonal
zebra keçid

contenedor de basura
zibil qabı

cruce
yol qovşağı

semáforo
işıqfor

cabaña

daxma

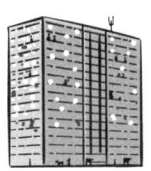

departamento

mənzil

estación de tren

dəmir yolu stansiyası

municipalidad

bələdiyyə binası

museo

muzey

colegio

məktəb

ciudad - şəhər

11

universidad

universitet

banco

bank

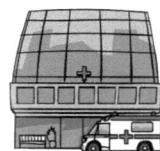

hospital

xəstəxana

hotel

mehmanxana

farmacia

aptek

oficina

ofis

librería

kitab dükkanı

negocio

dükan

florería

çiçək dükanı

supermercado

supermarket

mercado

bazar

grandes tiendas

univermaq

pescadería

balıq satıcısı

centro comercial

ticarət mərkəzi

puerto

liman

parque

park

banco

oturacaq

puente

körpü

escaleras

pilləkən

subte

metro

túnel

tunel

parada del colectivo

avtobus dayanacağı

bar

bar

restaurante

restoran

buzón

poçt qutusu

letrero

küçə nişanı

parquímetro

parkinq sayğacı

zoológico

zoopark

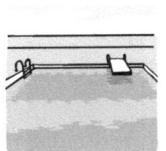

pileta

üzgüçülük hovuzu

mezquita

məscid

ciudad - şəhər

granja

ferma

contaminación

ətraf mühitin çirklənməsi

cementerio

məzarlıq

iglesia

kilsə

juegos infantiles

oyun meydançası

templo

məbəd

paisaje

mənzərə

hoja
yarpaq

poste indicador
yol nişanı

camino
yol

pradera
çəmən

piedra
daş

excursionista
piyada səyyah

árbol
ağac

río
çay

hierba
ot

flor
gül

valle
vadi

montaña
təpə

lago
göl

bosque
meşə

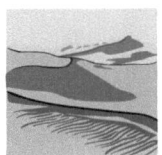

desierto
səhra

volcán
vulkan

castillo
qəsr

arco iris
göy qurşağı

champiñón
göbələk

palmera
palma

mosquito
ağcaqanad

mosca
milçək

hormiga
qarışqa

abeja
arı

araña
hörümçək

escarabajo

böcək

rana

qurbağa

ardilla

dələ

erizo

kirpi

liebre

dovşan

lechuza

bayquş

pájaro

quş

cisne

qu quşu

jabalí

qaban

ciervo

maral

alce

sığın

presa

su bəndi

aerogenerador

külək turbini

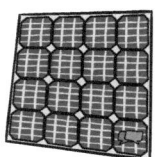

panel solar

günəş batareyası

clima

iqlim

restaurante

restoran

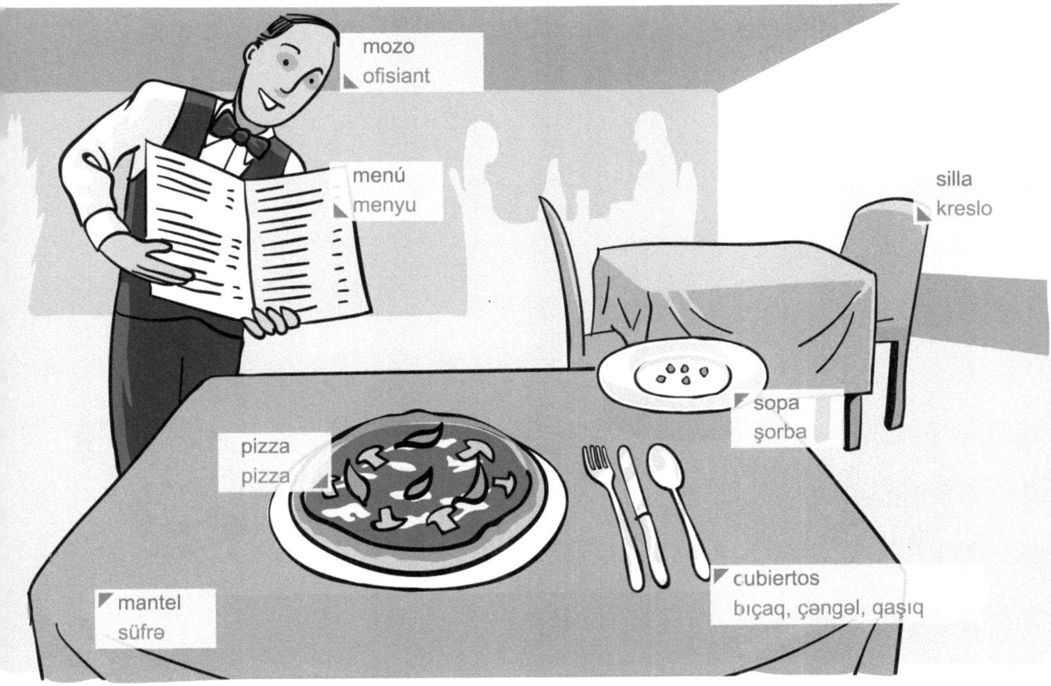

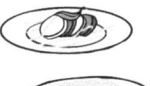

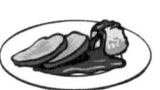

mozo
ofisiant
menú
menyu
silla
kreslo
sopa
şorba
pizza
pizza
cubiertos
bıçaq, çəngəl, qaşıq
mantel
süfrə

entrada
mәzә

plato principal
əsas yemək

postre
desert

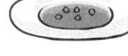

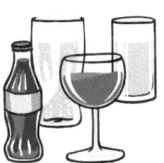

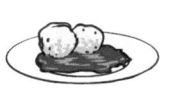

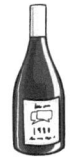

bebidas
içkilər

comida
yemək

botella
şüşə

comida rápida

fast food

küçə yeməkləri

comida callejera

küçə yeməkləri

tetera

çaynik

azucarera

qəndqabı

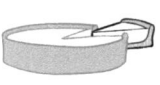

porción

pay

cafetera expreso

espresso maşını

sillita alta

hündür uşaq kreslosu

cuenta

faktura

bandeja

nimçə

cuchillo

bıçaq

tenedor

çəngəl

cuchara

qaşıq

cucharita

çay qaşığı

servilleta

salfet

vaso

şüşə

18

restaurante - restoran

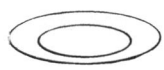

plato

boşqab

plato hondo

şorba boşqabı

plato

nəlbəki

salsa

sous

salero

duz qabı

molinillo de pimienta

bibərüyüdən

vinagre

sirkə

aceite

duru yağ

especias

ədviyyat

kétchup

ketçup

mostaza

xardal

mayonesa

mayonez

supermercado
supermarket

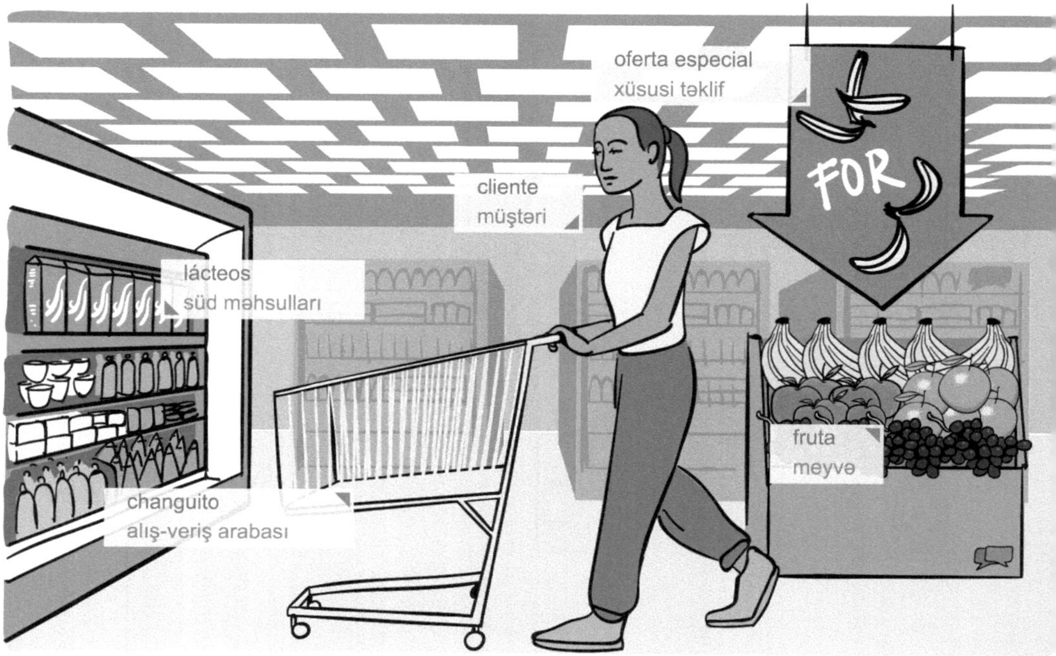

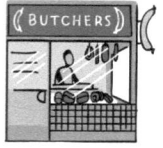

oferta especial
xüsusi təklif
FOR
cliente
müştəri
lácteos
süd məhsulları
fruta
meyvə
changuito
alış-veriş arabası

BUTCHERS

carnicería

qəssab dükanı

BAKERY

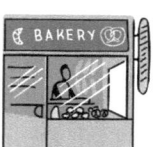

panadería

çörəkçi

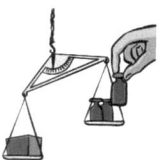

pesar

çəkmək

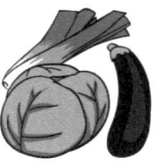

verduras

tərəvəz

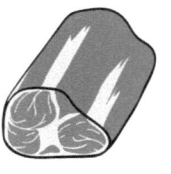

carne

ət

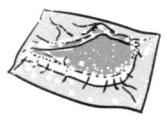

alimentos congelados

dondurulmuş qida

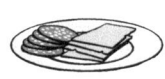

fiambres

soyuq ət yeməyi

alimentos enlatados

konservləşdirilmiş qida

detergente en polvo

yuyucu toz

golosinas

şirniyyat

electrodomésticos

təsərrüfat malları

productos de limpieza

yuyucu vasitələr

vendedora

satıcı

caja

kassa

cajero

kassir

lista de compras

alış-veriş siyahısı

horario de atención

iş saatları

billetera

pul kisəsi

tarjeta de crédito

kredit kartı

cartera

torba

bolsa de plástico

plastik torba

agua

su

jugo

şirə

leche

süd

bebida cola

cola

vino

şərab

cerveza

pivə

alcohol

alkoqollu içkilər

cacao

kakao

té

çay

café

qəhvə

café expreso

espresso

cappuccino

kapuçino

banana

banan

manzana

alma

naranja

portağal

melón

yemiş

limón

limon

zanahoria

yerkökü

ajo

sarımsaq

bambú

bambuq

cebolla

soğan

champiñón

göbələk

nueces

qoz-fındıq

fideos

əriştə

tallarines

spagetti

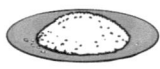

arroz

düyü

ensalada

salat

papas fritas

cips

papas fritas

qızardılmış kartof

pizza

pizza

hamburguesa

hamburger

sándwich

sandviç

churrasco

eskalop

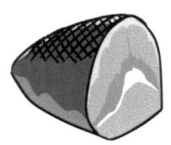

jamón

hisə verilmiş donuz əti

salame

salyami

salchicha

kolbasa

pollo

toyuq

asado

qızardılmış ət tikəsi

pescado

balıq

copos de avena

yulaf yarması

muesli

müsli

copos de maíz

partlaq qarğıdalı

harina

un

medialuna

kruassan

pancito

bulka

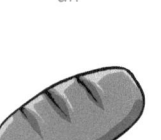

pan

çörək

tostada

tost

galletitas

peçenye

manteca

kərə yağı

cuajada

kəsmik

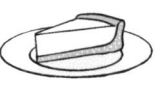

torta

tort

huevo

yumurta

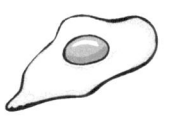

huevo frito

qayğanaq

queso

pendir

helado
dondurma

azúcar
şəkər

miel
bal

mermelada
mürəbbə

pasta de chocolate
şokolad pastası

curry
köri

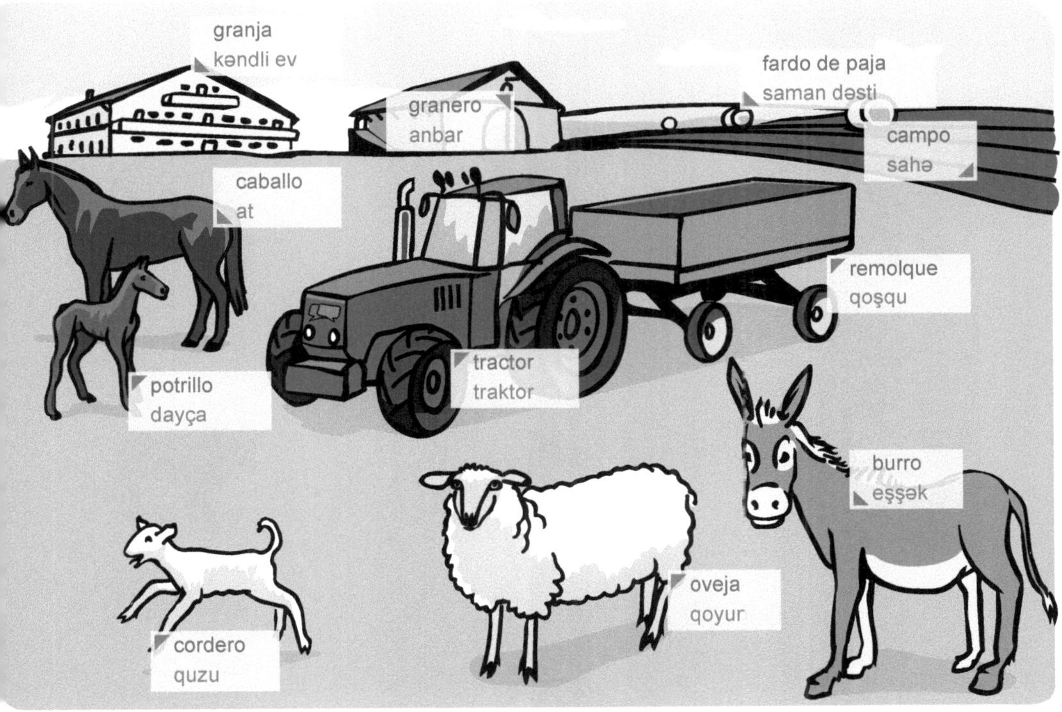

granja
kəndli ev

granero
anbar

fardo de paja
saman dəsti

campo
sahə

caballo
at

remolque
qoşqu

tractor
traktor

potrillo
dayça

burro
eşşək

oveja
qoyur

cordero
quzu

cabra
keçi

vaca
inək

ternero
dana

cerdo
donuz

lechón
donuz balası

toro
öküz

ganso

qaz

pato

ördək

pollo

cücə

gallina

toyuq

gallo

xoruz

rata

siçovul

gato

pişik

ratón

siçan

buey

öküz

perro

it

cucha

itdamı

manguera

bağ şlanqı

regadera

susəpən

guadaña

dəryaz

arado

kotan

hoz

oraq

azada

kətman

horquilla

yaba

hacha

balta

carretilla

əl arabası

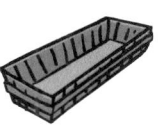

abrevadero

çalov

lechera

süd bidonu

bolsa

çuval

reja

çəpər

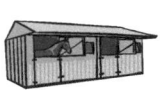

establo

tövlə

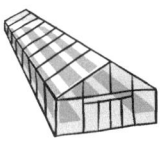

invernadero

istixana

suelo

torpaq

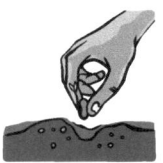

semilla

toxum

fertilizador

gübrə

cosechadora

taxılbiçən kombayn

cosechar

məhsul yığmaq

cosecha

məhsul yığımı

batatas

yam

trigo

buğda

soja

soya

papa

kartof

maíz

dən

semilla de colza

raps

árbol frutal

meyvə ağacı

mandioca

maniok

cereales

yarma

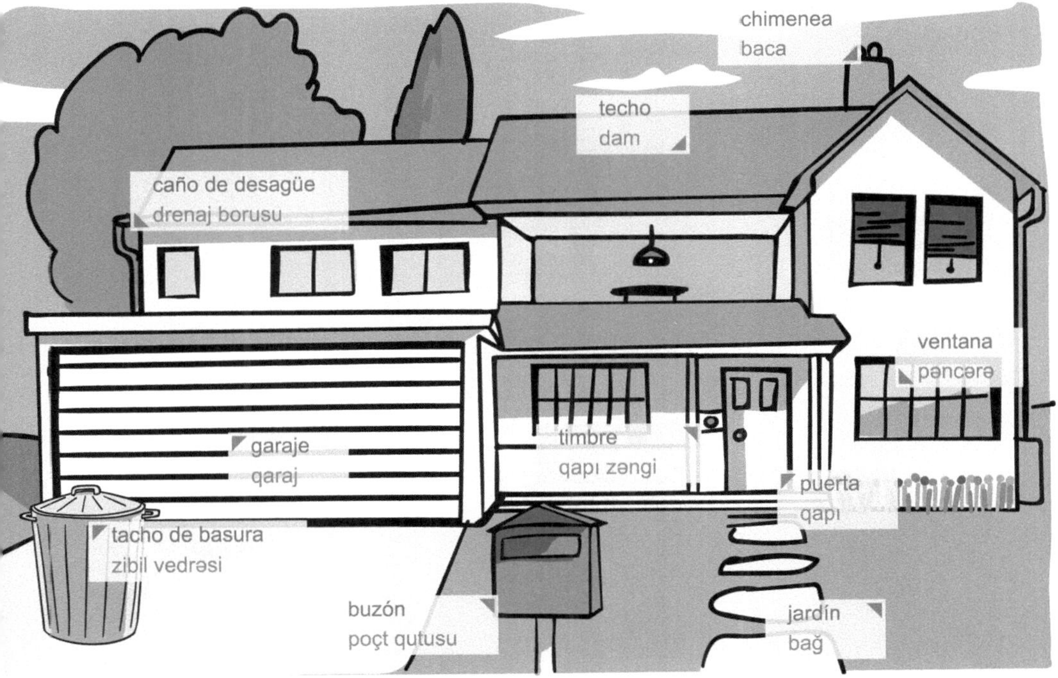

chimenea
baca

techo
dam

caño de desagüe
drenaj borusu

ventana
pəncərə

garaje
qaraj

timbre
qapı zəngi

puerta
qapı

tacho de basura
zibil vedrəsi

buzón
poçt qutusu

jardín
bağ

living

qonaq otağı

baño

hamam otağı

cocina

mətbəx

dormitorio

yataq otağı

cuarto de los chicos

uşaq otaqı

comedor

yemək otağı

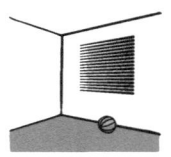

piso

döşəmə

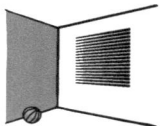

pared

divar

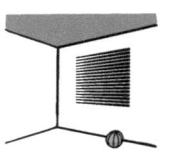

cielorraso

tavan

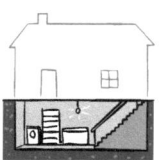

sótano

zirzəmi

sauna

sauna

balcón

balkon

terraza

terras

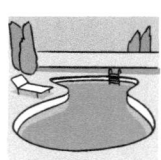

pileta

üzgüçülük hovuzu

cortadora de pasto

otbiçən maşın

sábana

mələfə

acolchado

yataq örtüyü

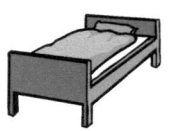

cama

yataq

escoba

süpürgə

balde

vedrə

interruptor

elektrik açarı

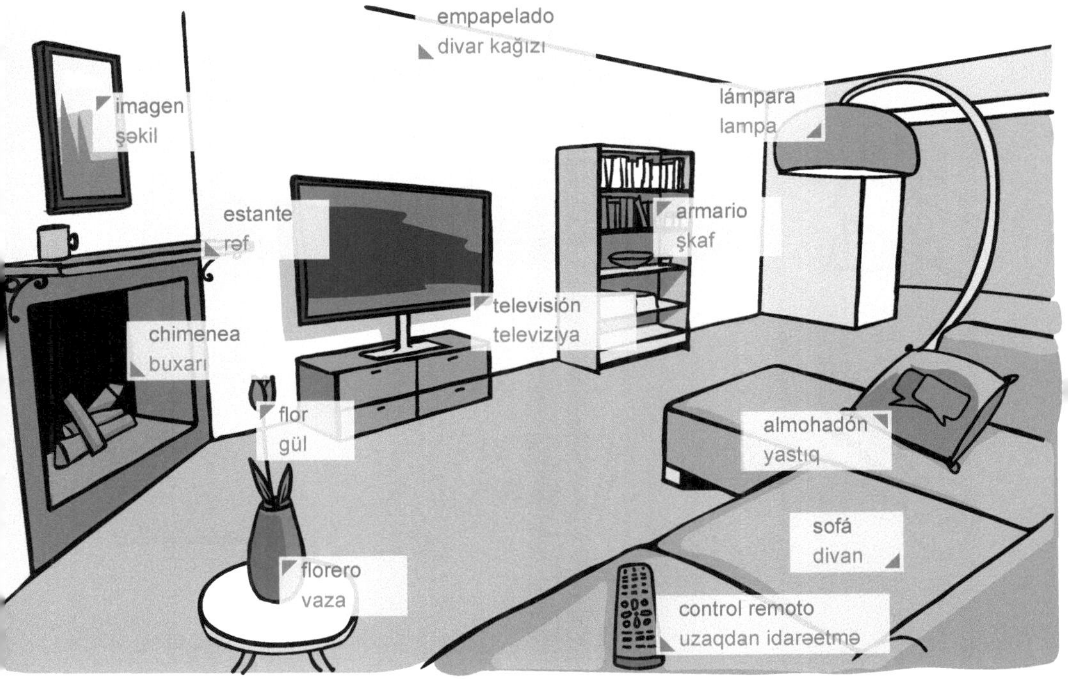

empapelado
divar kağızı

imagen
şəkil

lámpara
lampa

estante
rəf

armario
şkaf

televisión
televiziya

chimenea
buxarı

flor
gül

almohadón
yastıq

sofá
divan

florero
vaza

control remoto
uzaqdan idarəetmə

alfombra
xalça

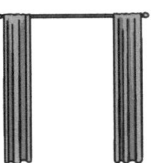

cortina
pərdə

mesa
masa

silla
kreslo

mecedora
yırğalanan stul

sillón
kreslo

libro

kitab

frazada

yorğan

decoración

bəzək

leña

odun

película

film

equipo de música

stereo səs sistemi

llave

açar

diario

qəzet

pintura

rəsm əsəri

póster

plakat

radio

radio

cuaderno

bloknot

aspiradora

tozsoran

cactus

kaktus

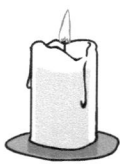

vela

şam

cocina
mətbəx

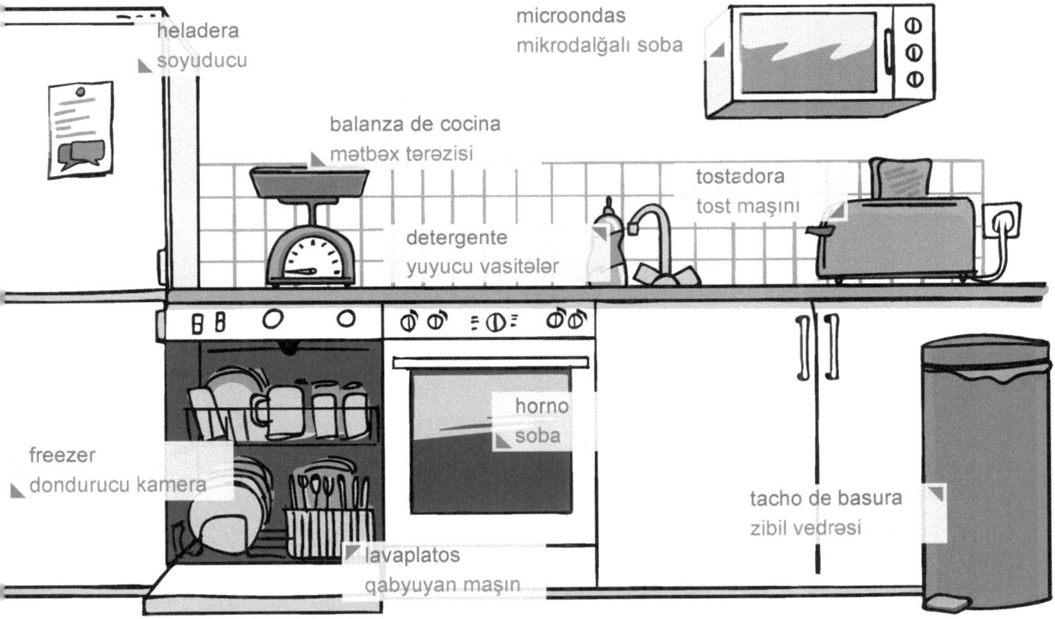

heladera
soyuducu
microondas
mikrodalğalı soba
balanza de cocina
mətbəx tərəzisi
tostadora
tost maşını
detergente
yuyucu vasitələr
horno
soba
freezer
dondurucu kamera
tacho de basura
zibil vedrəsi
lavaplatos
qabyuyan maşın

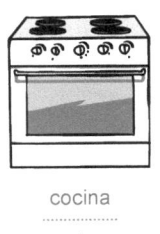

cocina
soba

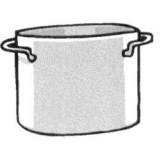

olla
qazan

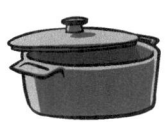

olla de hierro fundido
çuqun qazan

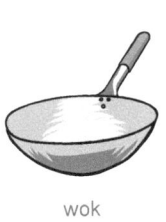

wok
vok / kadai

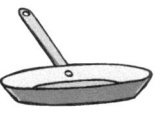

sartén
tava

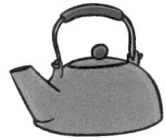

pava
çaydan

vaporera

buxar qazanı

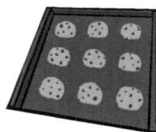

bandeja de horno

sac

vajilla

qab

taza

fincan

bol

ləyən

palitos

yemək üçün çubuqlar

cucharón

çömçə

estpátula

spatula

batidora

çırpıcı

colador

süzgəc

colador

ələk

rallador

sürtgəc

mortero

həvəngdəstə

parrilla

barbekyu

fogata

ocaq

tabla de picar

doğrama taxtası

palo de amasar

oxlov

sacacorchos

probkaçıxaran

lata

banka

abrelatas

bankaağzıaçan

manopla

qabtutan

pileta

əl üz yuyan

cepillo

fırça

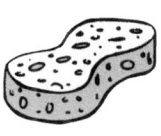

esponja

süngər

batidora

blender

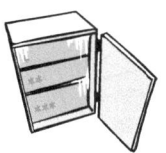

congelador

dondurucu

mamadera

körpə şüşəsi

canilla

kran

baño

hamam otağı

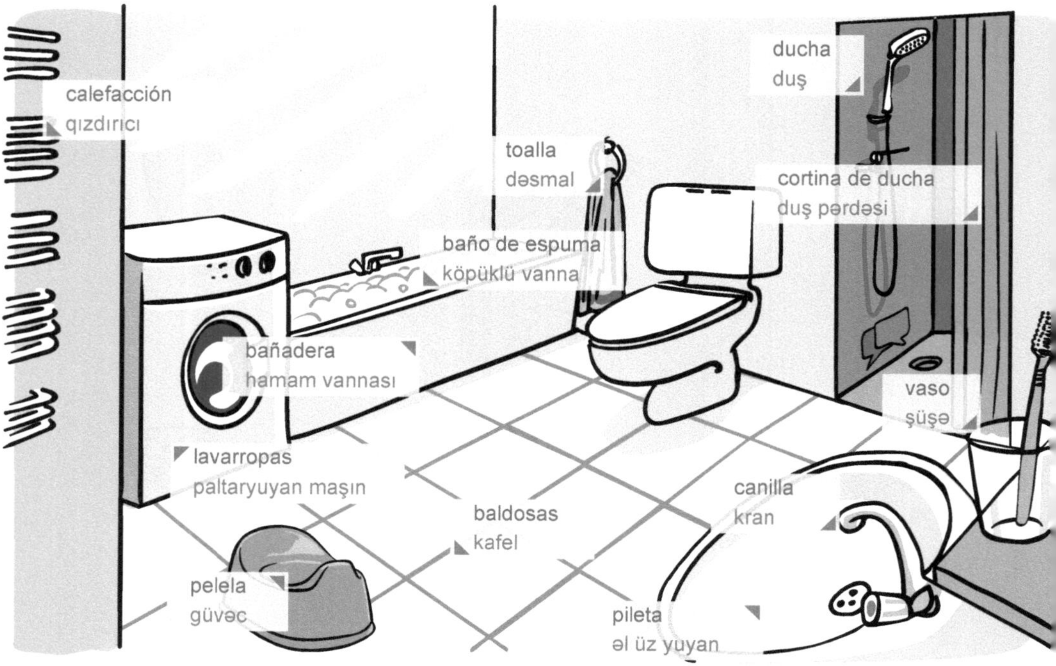

calefacción
qızdırıcı

ducha
duş

toalla
dəsmal

cortina de ducha
duş pərdəsi

baño de espuma
köpüklü vanna

bañadera
hamam vannası

vaso
şüşə

lavarropas
paltaryuyan maşın

baldosas
kafel

canilla
kran

pelela
güvəc

pileta
əl üz yuyan

inodoro
tualet

letrina
çömbəlmə tualet

bidé
bide

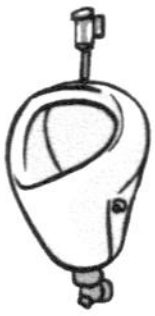

mingitorio
urinal

papel higiénico
tualet kağızı

cepillo para el inodoro
tualet fırçası

cepillo de dientes

diş fırçası

dentífrico

diş pastası

hilo dental

diş ipi

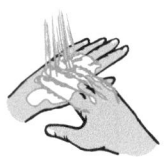

lavar

yumaq

ducha de mano

əl duşu

ducha higiénica

intim duş

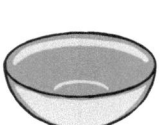

palangana

taz

cepillo para espalda

bel fırçası

jabón

sabun

gel de ducha

duş üçün gel

shampoo

şampun

toallita

əsgi

desagüe

drenaj

crema

krem

desodorante

dezodorant

espejo

güzgü

espejito

əl güzgüsü

maquinita de afeitar

ülgüc

espuma de afeitar

üz qırxmaq üçün köpük

aftershave

təraşdan sonra su

peine

daraq

cepillo

fırça

secador de pelo

fen

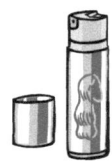

spray

saç spreyi

maquillaje

makiyaj

lápiz de labios

dodaq boyası

esmalte para uñas

dırnaq lakı

algodón

pambıq

tijera para uñas

dırnaq qayçısı

perfume

ətir

40

baño - hamam otağı

portacosméticos

gigiyenik torba

banqueta

kətil

balanza

tərəzi

bata

hamam xalatı

guantes de goma

rezin əlcək

tampón

tampon

toallita femenina

gigiyenik salfet

baño químico

kimyəvi tualet

cuarto de los chicos
uşaq otaqı

despertador
zəngli saat
peluche
yumşaq oyuncaq
coche de juguete
oyuncaq avtomobil
sonajero
cingilti
casa de muñecas
kukla evciyi
regalo
hədiyyə

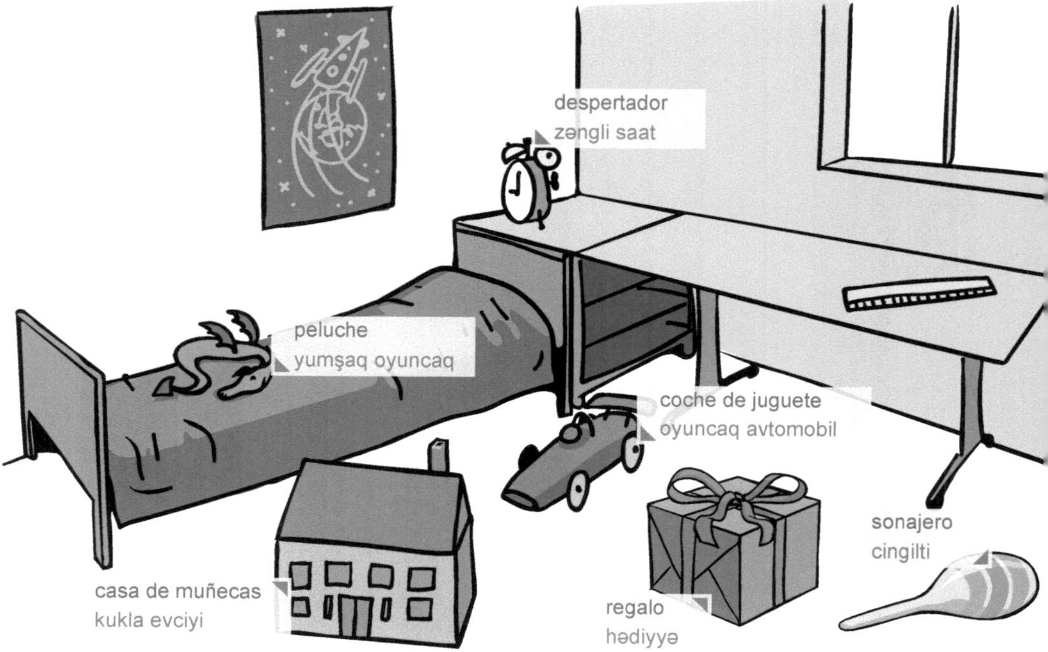

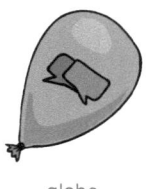

globo
balon

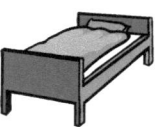

cama
yataq

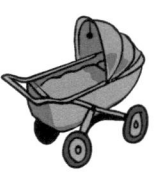

cochecito
uşaq arabası

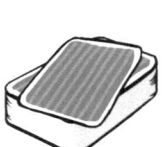

cartas
kart dəsti

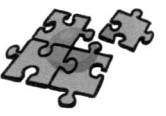

rompecabezas
elektrik mişarı

SUPER
MEGA

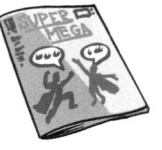

historieta
komik

piezas de lego

leqo kərpici

ladrillos de juguete

konstruktor blokları

figura de acción

oyuncaq-personaj

enterito (de bebé)

yeni doğulmuş körpələr
üçün geyimi

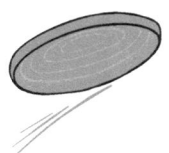

frisbee

frisbi

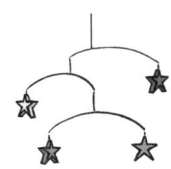

móvil para bebés

yataq üstünə asılan körpə
oyuncağı

juego de mesa

masaüstü oyun

dados

zər

tren eléctrico

oyuncaq qatar

chupete

emzik

fiesta

qonaqlıq

libro de cuentos ilustrado

rəsmli kitab

pelota

top

muñeca

kukla

jugar

oynamaq

arenero

qum qutusu

hamaca

yelləncək

juguetes

oyuncaqlar

consola de videojuegos

video oyun konsolu

triciclo

üç təkərli velosiped

osito de peluche

plüşdən hazırlanmış oyuncaq ayı

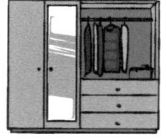

armario

şkaf

medias

corab

medias panty

corab

calzas

kalqotka

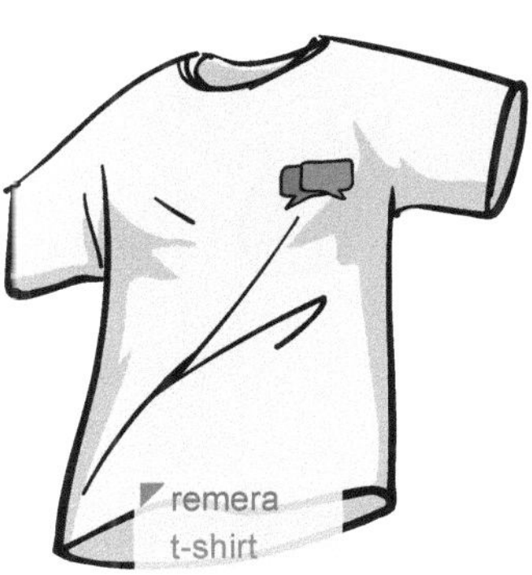

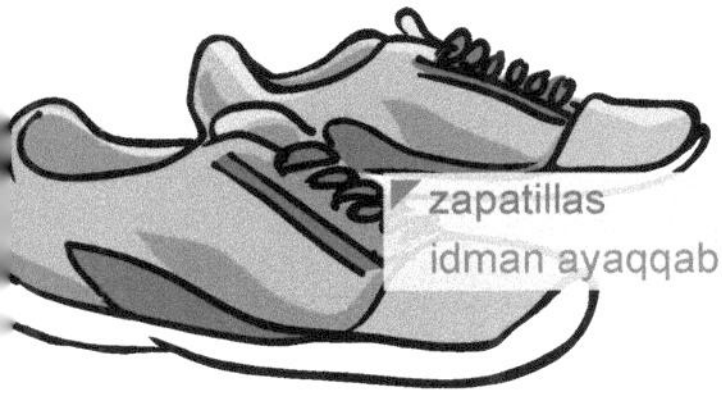

bufanda
kaşne

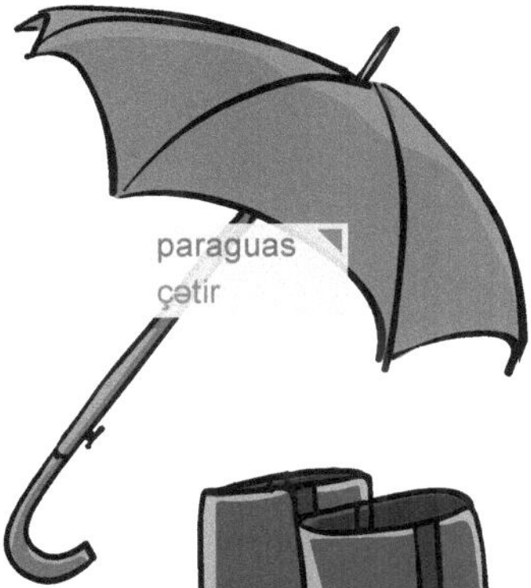

cinturón
kəmər

paraguas
çətir

remera
t-shirt

botas
çəkmə

pantuflas
şəpit

zapatillas
idman ayaqqabısı

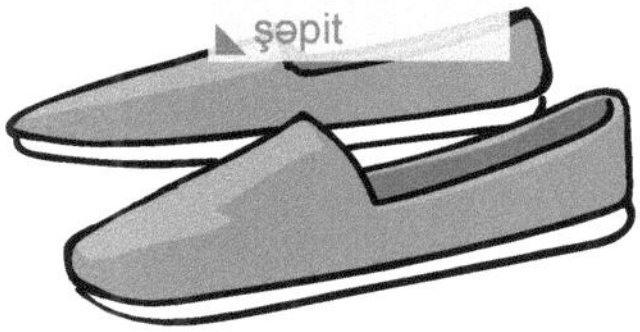

sandalias
sandallar

zapatos
ayaqqabı

botas de goma
rezin çəkmələr

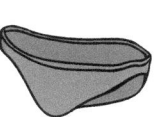

ropa interior
dizlik

corpiño
lifçik

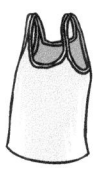

chaleco
alt köynəyi

ropa - geyim

45

body
alt paltarı

pantalones
şalvar

jeans
cins

pollera
yubka

blusa
bluza

camisa
köynək

pulóver
sviter

buzo
başlıqlı idman gödəkçəsi

blazer
gödəkçə

campera
gödəkcə

tapado
pencək

piloto
plaş

traje
kostyum

vestido
paltar

vestido de novia
gəlin paltarı

traje

kostyum

camisón

gecə köynəyi

pijama

pijama

sari

sari

pañuelo para cabeza

hicab / eşarp

turbante

çalma

burka

burka

caftán

kaftan

abaya

abaya

traje de baño

çimərlik geyimi

short de baño

tumuş

shorts

şort

jogging

məşq kostyumu

delantal

önlük

guantes

əlcək

botón

düymə

anteojos

eynək

pulsera

bilərzik

collar

boyunbağı

anillo

üzük

aro

sırğa

gorra

papaq

percha

asılqan

sombrero

papaq

corbata

qalstuk

cierre

zəncirbənd

casco

dəbilqə

tiradores

aşırma

uniforme escolar

məktəb uniforması

uniforme

uniforma

babero
döşlük

chupete
emzik

pañal
körpə bezi

oficina
ofis

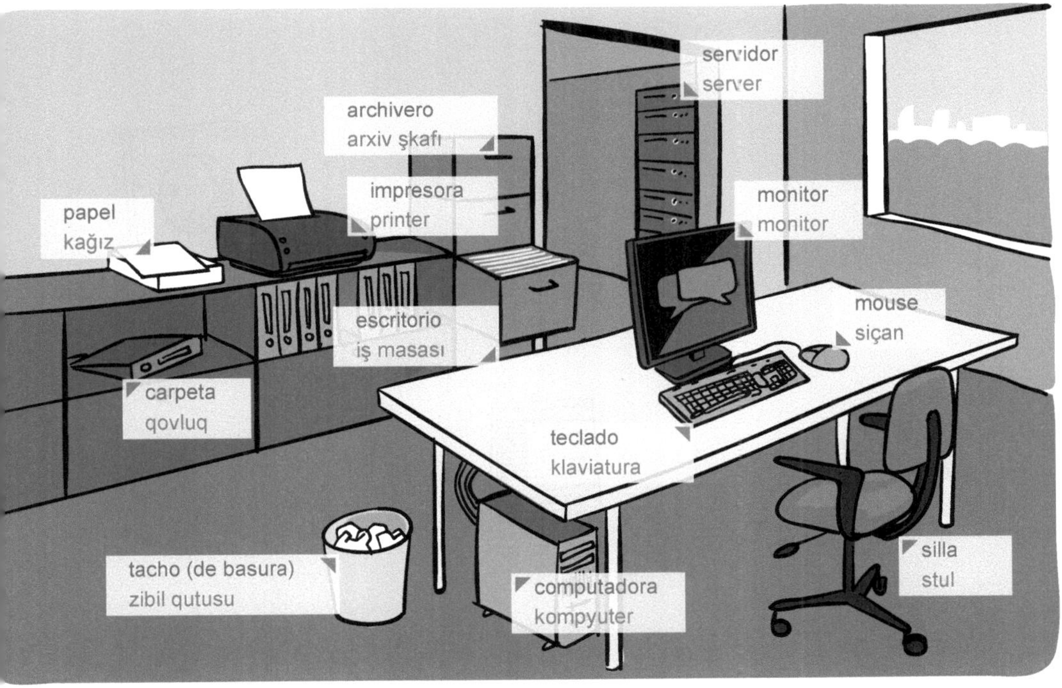

servidor
server

archivero
arxiv şkafı

impresora
printer

monitor
monitor

papel
kağız

mouse
siçan

escritorio
iş masası

carpeta
qovluq

teclado
klaviatura

tacho (de basura)
zibil qutusu

silla
stul

computadora
kompyuter

taza de café
qəhvə fincanı

calculadora
kalkulyator

internet
internet

laptop

laptop

carta

məktub

mensaje

mesaj

celular

mobil telefon

red

şəbəkə

fotocopiadora

surətçıxaran maşın

software

proqram təminatı

teléfono

telefon

tomacorriente

ştepsel

fax

faks

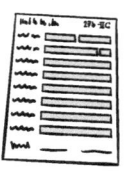

formulario

forma

documento

sənəd

comprar
satın almaq

pagar
ödəmək

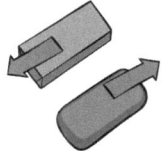

hacer negocios
alverlə məşğul olmaq

dinero
pul

dólar
dollar

euro
avro

yen
yen

rublo
rubl

franco suizo
frank

yuan
renminbi yuan

rupia
rupi

cajero automático
bankomat

casa de cambio

valyuta mübadiləsi
məntəqəsi

oro

qızıl

plata

gümüş

petróleo

neft

energía

enerji

precio

qiymət

contrato

müqavilə

impuesto

vergi

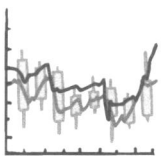

acción

səhm

trabajar

işləmək

empleado

işçi

empleador

işəgötürən

fábrica

fabrik

negocio

dükan

ocupaciones

peşə

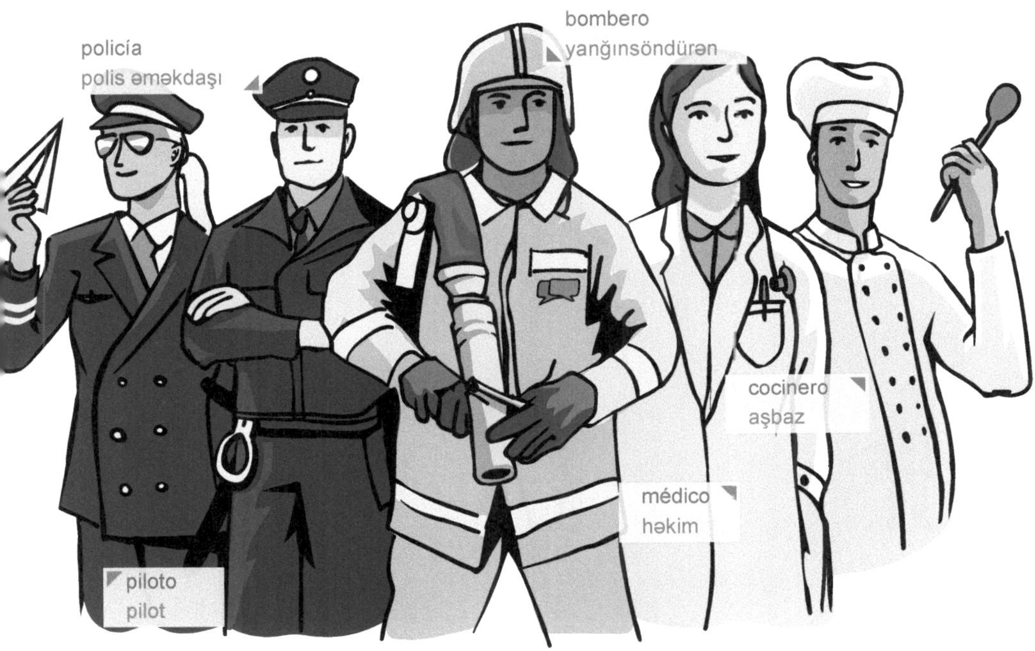

bombero
yanğınsöndürən
policía
polis əməkdaşı
cocinero
aşbaz
médico
həkim
piloto
pilot

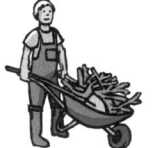

jardinero

bağban

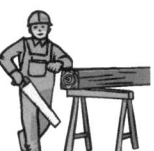

carpintero

dülgər

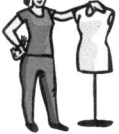

modista

dərzi

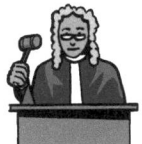

juez

hakim

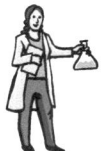

farmacéutico

kimyaçı

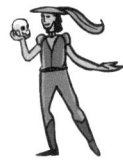

actor

aktyor

colectivero

avtobus sürücüsü

taxista

taksi sürücüsü

pescador

balıqçı

mucama

xadimə

techista

dam işçisi

mozo

ofisiant

cazador

ovçu

pintor

rəssam

panadero

çörəkçi

electricista

elektrik ustası

albañil

inşaat işçisi

ingeniero

mühəndis

carnicero

qəssab

plomero

santexnik

cartero

poçtalyon

soldado

əsgər

arquitecto

memar

cajero

kassir

florista

gül-çiçək satıcısı

peluquero

bərbər

cobrador

konduktor

mecánico

mexanik

capitán

kapitan

dentista

diş həkimi

científico

alim

rabino

ravvin

imán

imam

monje

rahib

sacerdote

keşiş

herramientas
alətlər

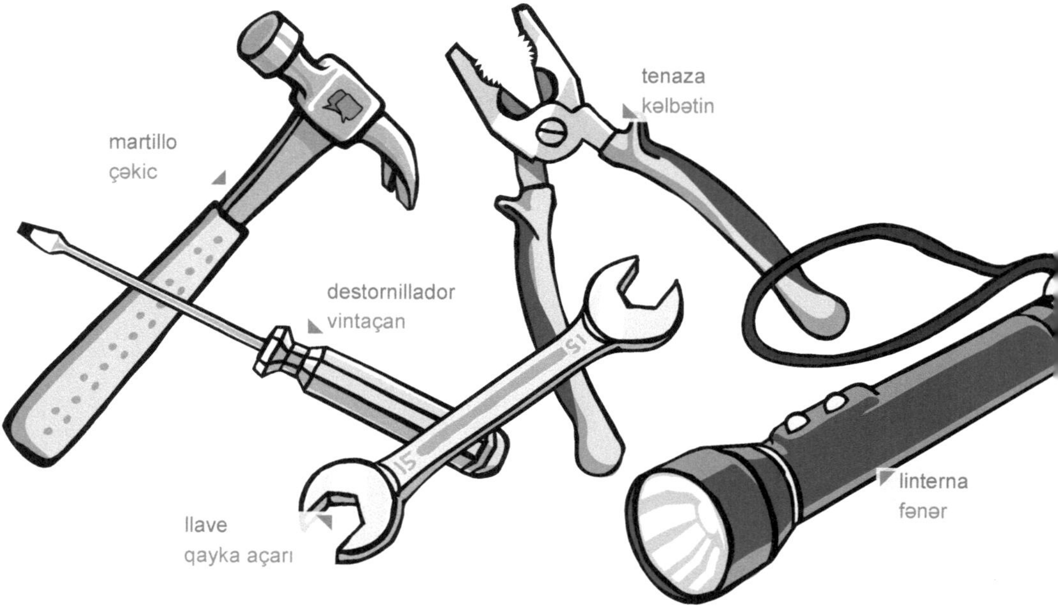
martillo
çəkic
tenaza
kəlbətin
destornillador
vintaçan
llave
qayka açarı
linterna
fənər

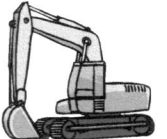

excavadora

ekskavator

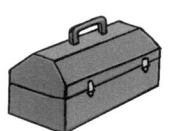

caja de herramientas

alətlər qutusu

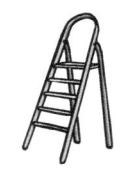

escalera portátil

nərdivan

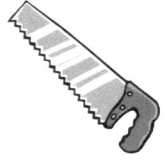

sierra

mişar

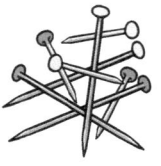

clavos

dırnaqlar

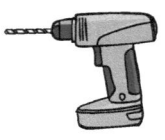

taladro

drel

arreglar
təmir etmək

pala de jardín
kürək

¡Qué bronca!
Lənət olsun!

pala de plástico
xəkəndaz

tacho de pintura
boya vedrəsi

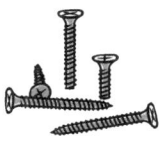
tornillos
vintlər

instrumentos musicales
musiqi alətləri

batería
zərb alətləri

parlante
dinamik

guitarra
gitara

contrabajo
kontrabas

trompeta
trompet

piano

fortepiano

violín

skripka

bajo

bas

timbales

timpani

tambor

nağara

teclado

sintezator

saxofón

saksafon

flauta

fleyta

micrófono

mikrofon

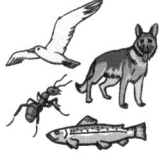

zoológico
zoopark

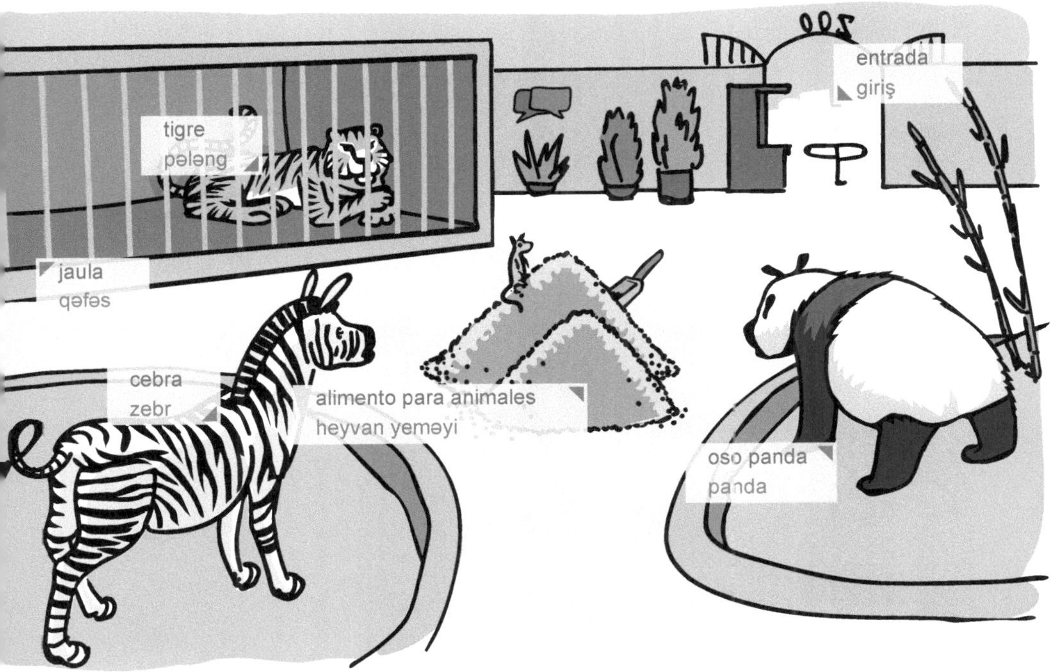

entrada
giriş
tigre
pələng
jaula
qəfəs
cebra
zebr
alimento para animales
heyvan yeməyi
oso panda
panda

animales
heyvanlar

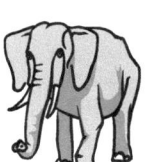

elefante
fil

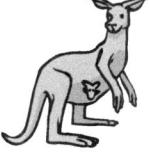

canguro
kenquru

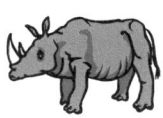

rinoceronte
kərgədan

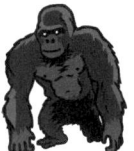

gorila
qorilla

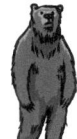

oso
ayı

camello

dəvə

avestruz

dəvəquşu

león

aslan

mono

meymun

flamenco

flamingo

loro

tutuquşu

oso polar

qütb ayısı

pingüino

pinqvin

tiburón

köpəkbalığı

pavo real

tovuz

serpiente

ilan

cocodrilo

timsah

cuidador del zoológico

zoopark işçisi

foca

suiti

jaguar

yaquar

poni
poni

leopardo
bəbir

hipopótamo
hippopotam

jirafa
zürafə

águila
qartal

jabalí
qaban

pescado
balıq

tortuga
tısbağa

morsa
morj

zorro
tülkü

gacela
ceyran

deportes
idman

fútbol americano
amerikan futbolu

ciclismo
velosiped sürmək

tenis
tennis

básquet
basketbol

natación
üzgüçülük

boxeo
boks

hockey sobre hielo
buz xokkeyi

fútbol
futbol

bádminton
badminton

atletismo
yüngül atletika

handball
həndbol

esquí
xizək

polo
polo

actividades
fəaliyyət

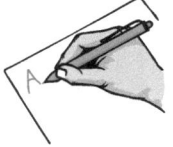

reír
gülmək
saltar
tullanmaq
abrazar
qucaqlaşmaq
caminar
getmək
cantar
oxumaq
soñar
yuxu qörmək
rezar
dua etmək
besar
öpüşmək

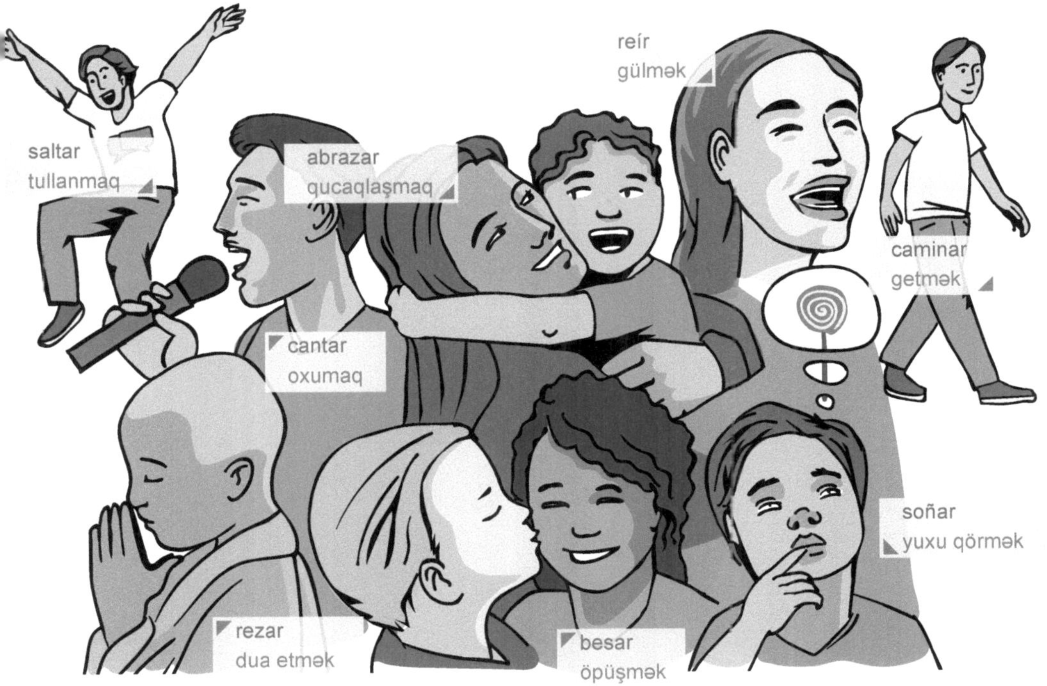

escribir

yazmaq

dibujar

çəkmək

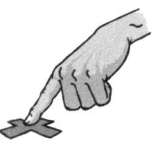

mostrar

göstərmək

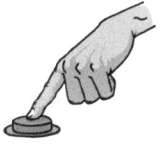

presionar

itələmək

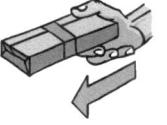

dar

vermək

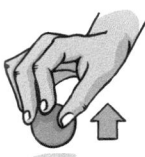

tomar

götürmək

tener

sahibi olmaq

hacer

etmək

ser

olmaq

estar parado

durmaq

correr

qaçmaq

tirar

çəkmək

tirar

atmaq

caer

düşmək

estar acostado

uzanmaq

esperar

gözləmək

llevar

daşımaq

estar sentado

oturmaq

vestirse

geyinmək

dormir

yatmaq

despertar

ayılmaq

actividades - fəaliyyət

mirar

baxmaq

llorar

ağlamaq

acariciar

sığallamaq

peinar

daramaq

hablar

danışmaq

entender

anlamaq

preguntar

soruşmaq

escuchar

dinləmək

beber

içmək

comer

yemək

ordenar

təmizləmək

amar

sevmək

cocinar

bişirmək

manejar

sürmək

volar

uçmaq

navegar

üzmək

calcular

hesablamaq

leer

oxumaq

aprender

öyrənmək

trabajar

işləmək

casarse

evlənmək

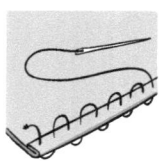

coser

tikmək

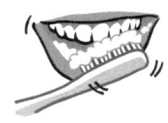

cepillarse los dientes

dişləri təmizləmək

matar

öldürmək

fumar

siqaret çəkmək

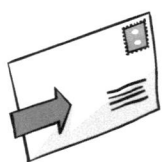

enviar

göndərmək

abuela / nənə

abuelo / baba

padre / ata

madre / ana

bebé / körpə

hija / qız

hijo / oğul

invitado

qonaq

tía

xala/bibi

tío

əmi/dayı

hermano

qardaş

hermana

bacı

cuerpo
bədən

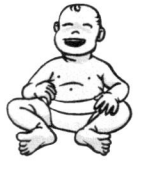

frente
alın
ojo
göz
cara
üz
pera
buxaq
dedo
barmaq
mano
əl
hombro
çiyin
pecho
döş
brazo
qol
pierna
ayaq

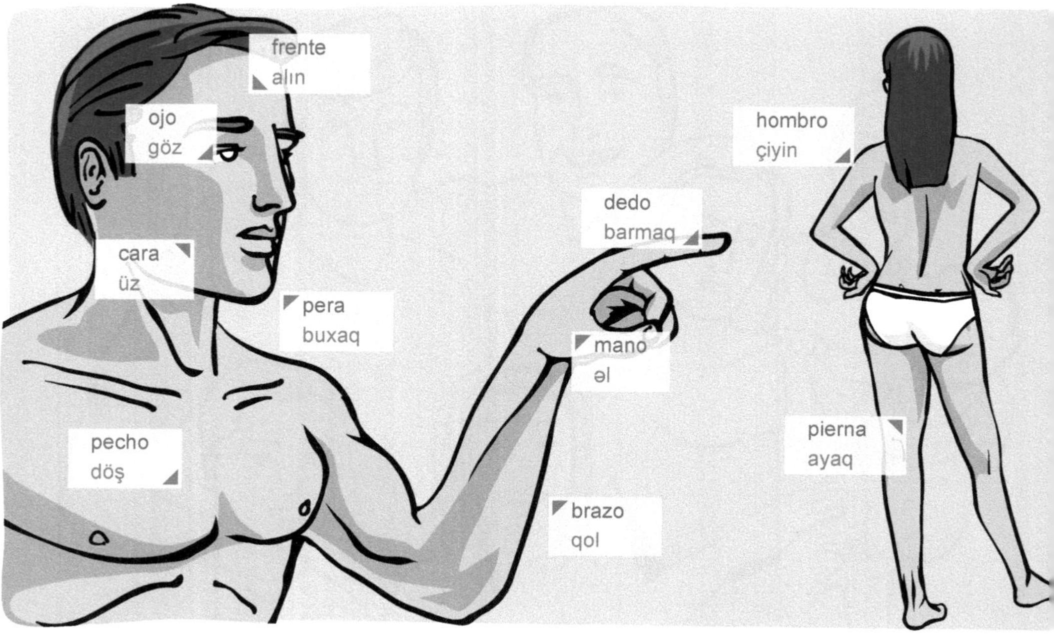

bebé
körpə

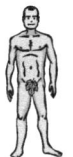

hombre
kişi

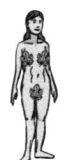

mujer
qadın

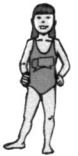

nena
qız

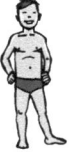

nene
oğlan

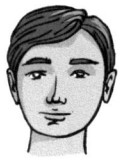

cabeza
baş

espalda

bel

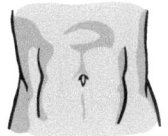

panza

qarın

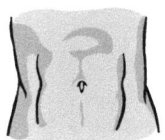

ombligo

göbək

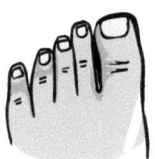

dedo del pie

ayaq barmağı

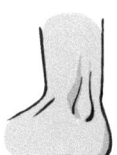

talón

daban

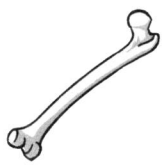

hueso

sümük

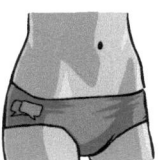

cadera

bud

rodilla

diz

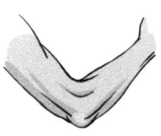

codo

dirsək

nariz

burun

cola

sağrı

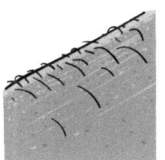

piel

dəri

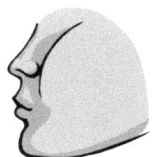

cachete

yanaq

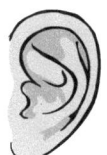

oreja

qulaq

labio

dodaq

boca

ağız

diente

diş

lengua

dil

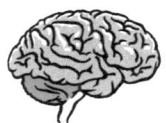

cerebro

beyin

corazón

ürək

músculo

əzələ

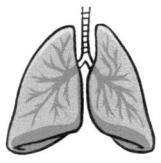

pulmón

ağcıyər

hígado

qaraciyər

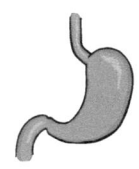

estómago

mədə

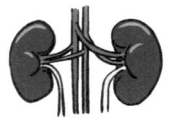

riñones

böyrəklər

sexo

cinsi yaxınlıq

preservativo

kondom

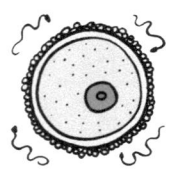

óvulo

qadın cinsi hüceyrə

semen

sperma

embarazo

hamiləlik

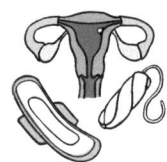

menstruación

aybaşı

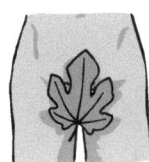

vagina

vagina

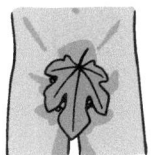

pene

penis

ceja

qaş

pelo

saç

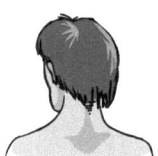

cuello

boyun

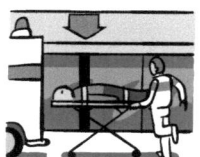

hospital

xəstəxana

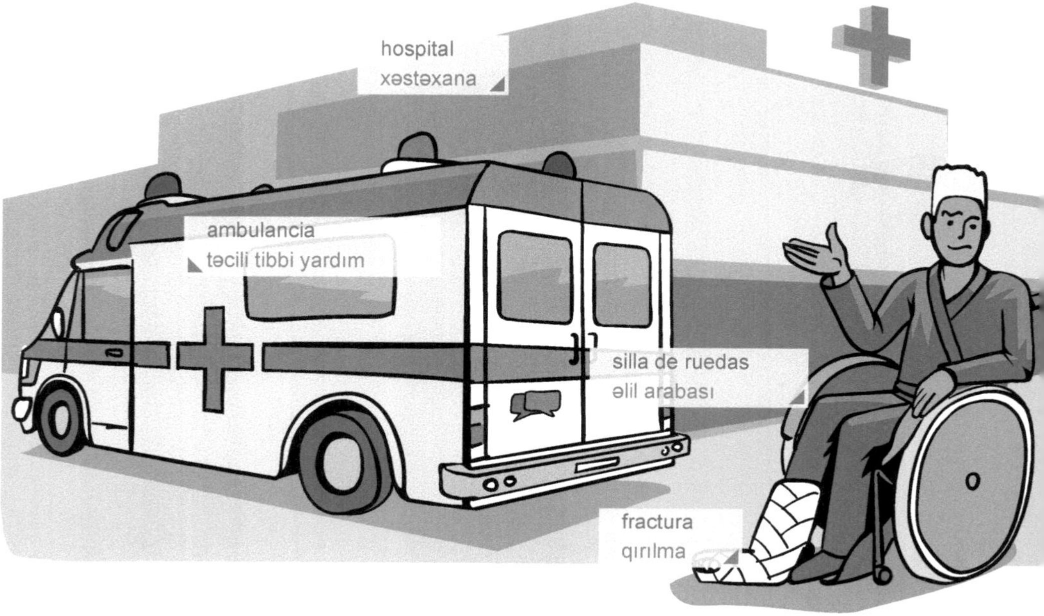

hospital
xəstəxana
ambulancia
təcili tibbi yardım
silla de ruedas
əlil arabası
fractura
qırılma

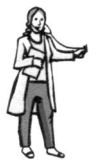

médico

həkim

sala de guardia

reanimasiya şöbəsi

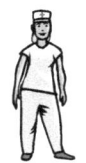

enfermera

tibb bacısı

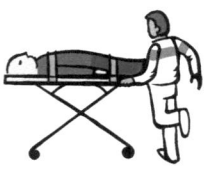

emergencia

fövqəladə hallar

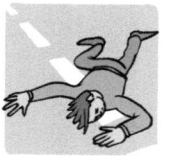

inconsciente

huşunu itirmiş

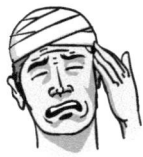

dolor

ağrı

lesión

zədə

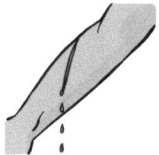

hemorragia

qanaxma

infarto

infarkt

ACV

insult

alergia

allergiya

tos

öskürək

fiebre

qızdırma

gripe

qrip

diarrea

ishal

dolor de cabeza

başağrısı

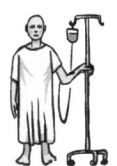

cáncer

xərçəng

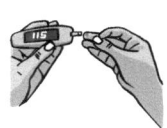

diabetes

şəkərli diabet

cirujano

cərrah

bisturí

neştər

operación

əməliyyat

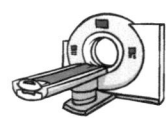

TC

CT

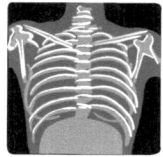

rayos x

rentgen

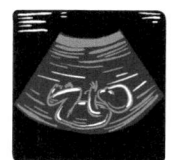

ecografía

ultrasəs

barbijo

maska

enfermedad

xəstəlik

sala de espera

gözləmə otağı

muleta

qoltuqağacı

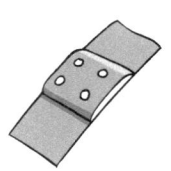

curita

plaster

venda

sarğı

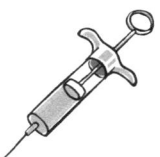

inyección

inyeksiya

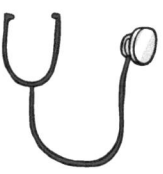

estetoscopio

steteskop

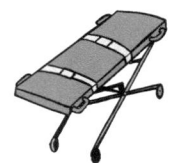

camilla

xərək

termómetro

hərarətölçən

nacimiento

doğum

sobrepeso

çəki artıqlığı

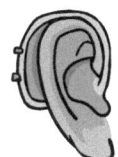

audífono

eşitmə aparatı

desinfectante

dezinfeksiyaedici

infección

infeksiya

virus

virus

VIH / SIDA

QİÇS

remedio

tibb

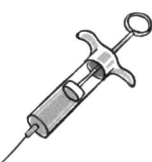

vacunación

peyvənd

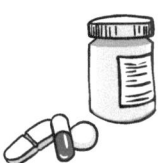

comprimidos

həblər

pastilla anticonceptiva

həb

llamada de emergencia

təcili zəng

tensiómetro

qan təzyiqini ölçmək üçün cihaz

enfermo / sano

xəstə / sağlam

¡Ayuda!

Kömək edin!

alarma

həyəcan siqnalı

agresión

basqın

ataque

hücum

peligro

təhlükə

salida de emergencia

ehtiyat çıxışı

¡Fuego!

Yanğın!

matafuego

odsöndürən

accidente

qəza

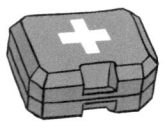

botiquín de primeros
auxilios

ilkin yardım qutus

SOS

SOS

policía

polis

Europa

Avropa

América del Norte

Şimali Amerika

América del Sur

Cənubi Amerika

África

Afrika

Asia

Asiya

Australia

Avstraliya

Atlántico

Atlantik

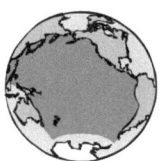

Pacífico

Sakit Okean

Océano Índico

Hind okeanı

Océano Antártico

Antarktika Okeanı

Océano Ártico

Şimal Buzlu okeanı

polo norte

Şimal qütbü

polo sur

Cənub qütbü

Antártida

Antarktika

Tierra

Yer kürəsi

tierra

ölkə

mar

dəniz

isla

ada

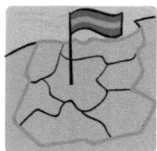

nación

millət

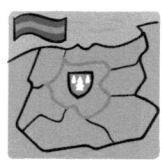

estado

dövlət

esfera

siferblat

manecilla de las horas

saat əqrəbi

minutero

dəqiqə əqrəbi

segundero

saniyə əqrəbi

¿Qué hora es?

Saat neçədir?

día

gün

hora

vaxt

ahora

indi

reloj digital

rəqəmsal saat

minuto

dəqiqə

hora

saat

semana

həftə

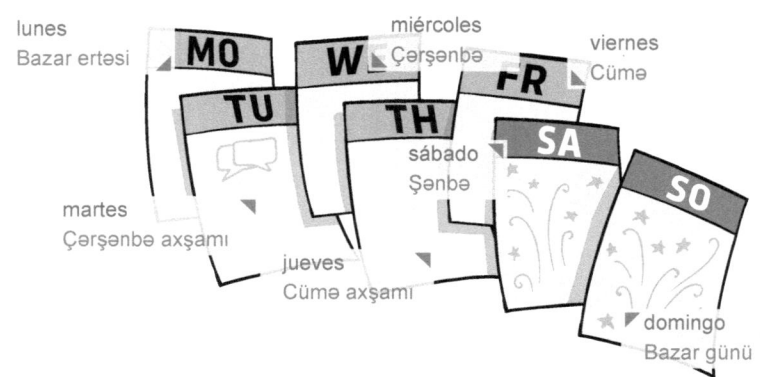

lunes
Bazar ertəsi

miércoles
Çərşənbə

viernes
Cümə

martes
Çərşənbə axşamı

jueves
Cümə axşamı

sábado
Şənbə

domingo
Bazar günü

ayer

dünən

hoy

bugün

mañana

sabah

mañana

səhər

mediodía

günorta

tarde

axşam

días hábiles

iş günü

fin de semana

həftə sonu

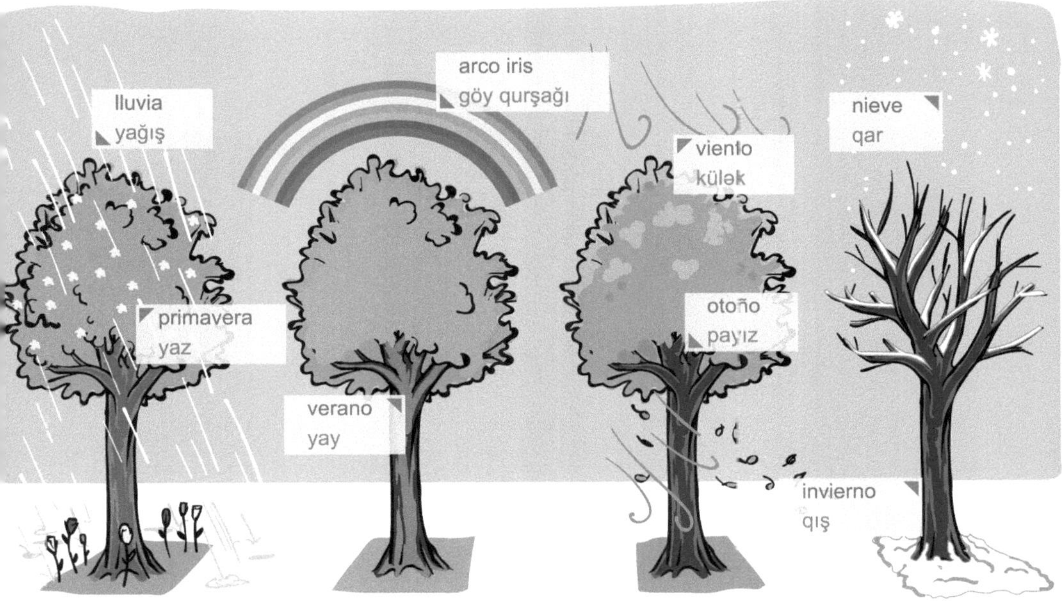

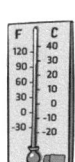

lluvia
yağış

arco iris
göy qurşağı

viento
külək

nieve
qar

primavera
yaz

otoño
payız

verano
yay

invierno
qış

pronóstico meteorológico

hava proqnozu

termómetro

termometr

luz del sol

günəş işığı

nube

bulud

niebla

duman

humedad

rütubət

rayo

ildırım

trueno

göy gurultusu

tormenta

fırtına

granizo

dolu

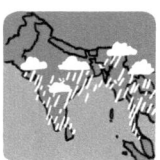
monzón

musson

inundación

daşqın

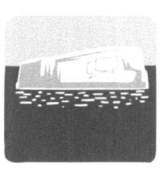
hielo

buz

enero

yanvar

febrero

fevral

marzo

mart

abril

aprel

mayo

may

junio

iyun

julio

iyul

agosto

avqust

septiembre

sentyabr

octubre

oktyabr

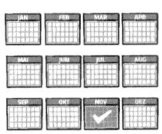

noviembre

noyabr

diciembre

dekabr

formas
formalar

círculo

dairə

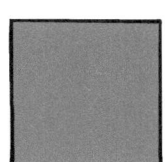

cuadrado

kvadrat

rectángulo

düzbucaqlı

triángulo

üçbucaq

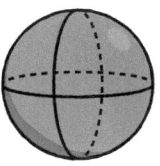

esfera

kürə

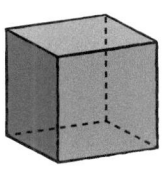

cubo

kub

colores
rənglər

blanco

ağ

amarillo

sarı

naranja

narıncı

rosa

çəhrayı

rojo

qırmızı

violeta

bənövşəyi

azul

mavi

verde

yaşıl

marrón

palıdı

gris

boz

negro

qara

mucho / poco

çox / az

enojado / tranquilo

qeyzli / sakit

lindo / feo

yaraşıqlı / eybəcər

principio / fin

başlanğıc / son

grande / chico

böyük / kiçik

claro / oscuro

işıqlı / qaranlıq

hermano / hermana

qardaş / bacı

limpio / sucio

təmiz / kirli

completo / incompleto

tam / natamam

día / noche

gündüz / gecə

muerto / vivo

ölü / diri

ancho / angosto

geniş / dar

comestible / no comestible

yemeli / yeyilməyən

malo / amable

hirsli / mehriban

entusiasmado / aburrido

həyəcanlı / bezmiş

gordo / flaco

kök / arıq

primero / último

ilk / son

amigo / enemigo

dost / düşmən

lleno / vacío

dolu / boş

duro / blando

sərt / yumşaq

pesado / liviano

ağır / yüngül

hambre / sed

aclıq / susuzluq

enfermo / sano

xəstə / sağlam

ilegal / legal

qanunsuz / qanuni

inteligente / estúpido

ağıllı / axmaq

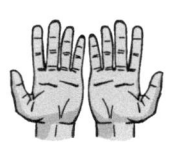

izquierda / derecha

sol / sağ

cerca / lejos

yaxın / uzaq

opuestos - əksinə

nuevo / usado

yeni / istifadə edilmiş

nada / algo

heç bir şey / bir şey

viejo / joven

qoca / gənc

encendido / apagado

açma / bağlama

abierto / cerrado

açıq / bağlı

silencioso / ruidoso

sakit/ bərk

rico / pobre

varlı / kasıb

correcto / incorrecto

düzgün / səhv

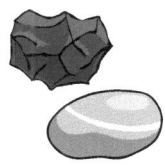

áspero / suave

kobud / hamar

triste / contento

kədərli / xoşbəxt

corto / largo

qısa / uzun

lento / rápido

yavaş / sürətli

mojado / seco

yaş / quru

caliente / frío

isti / sərin

guerra / paz

müharibə / sülh

opuestos - əksinə

87

números
ədədlər

0
cero
sıfır

1
uno
bir

2
dos
iki

3
tres
üç

4
cuatro
dörd

5
cinco
beş

6
seis
altı

7
siete
yeddi

8
ocho
səkkiz

9
nueve
doqquz

10
diez
on

11
once
on bir

12

doce

on iki

13

trece

on üç

14

catorce

on dörd

15

quince

on beş

16

dieciséis

on altı

17

diecisiete

on yeddi

18

dieciocho

on səkkiz

19

diecinueve

on doqquz

20

veinte

iyirmi

100

cien

yüz

1.000

mil

min

1.000.000

millón

milyon

inglés

İngilis dili

inglés americano

İngilis dilinin amerikan variantı

chino mandarín

Çin dilinin Mandarin dialekti

hindi

Hind dili

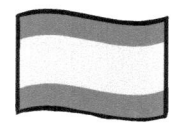

español

İspan dili

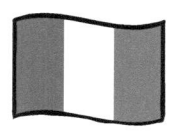

francés

Fransız dili

árabe

Ərəb dili

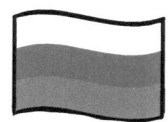

ruso

Rus dili

portugués

Portuqal dili

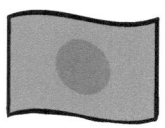

bengalí

Benqal dili

alemán

Alman dili

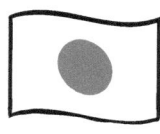

japonés

Yapon dili

yo

mən

vos

sən

él / ella

o / o / o

nosotros

biz

ustedes

siz

ellos

onlar

¿quién?

kim?

¿qué?

nə?

¿cómo?

necə?

¿dónde?

harada?

¿cuándo?

nə zaman?

nombre

ad

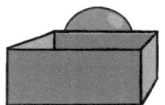

detrás

arxadan

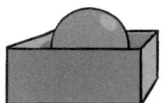

en

içində

adelante de

qarşısında

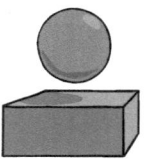

por encima de

üzərində

sobre

dair

debajo de

altında

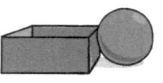

al lado de

yanaşı

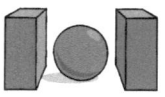

entre

arasında

lugar

yer